ORIENTALISCHER ZAUBER

Wunderbares zum Ausmalen

arsEdition

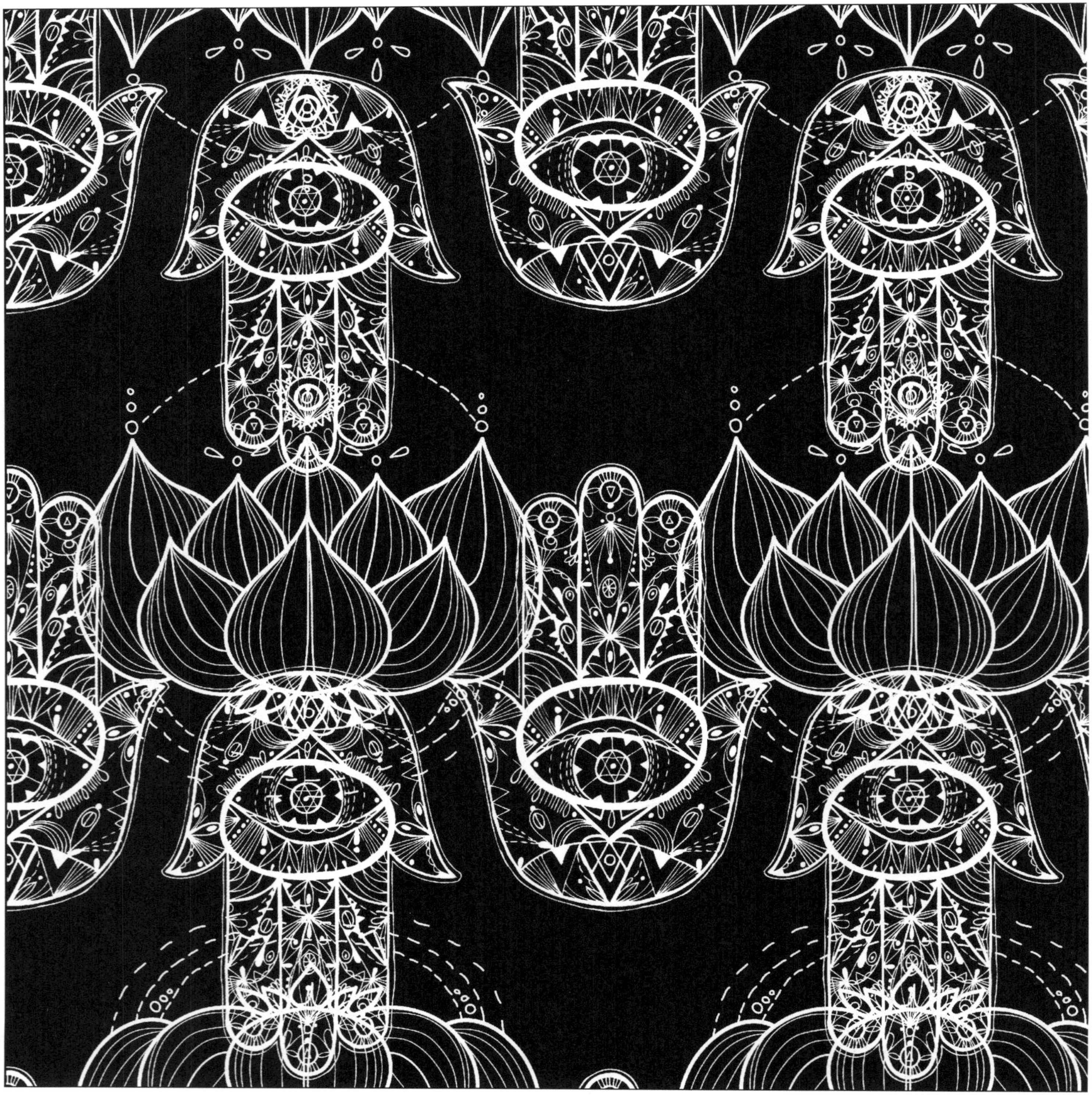

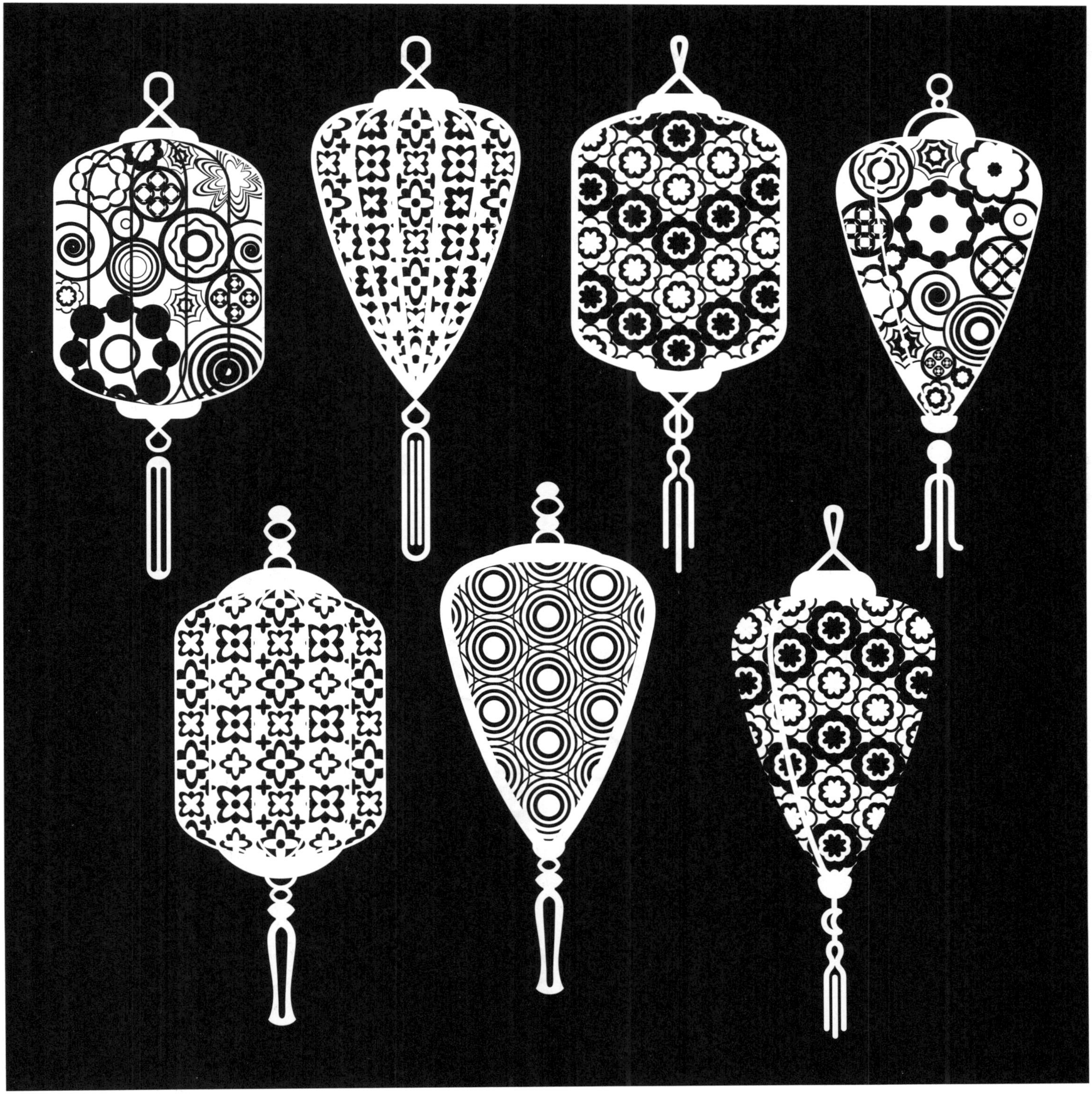

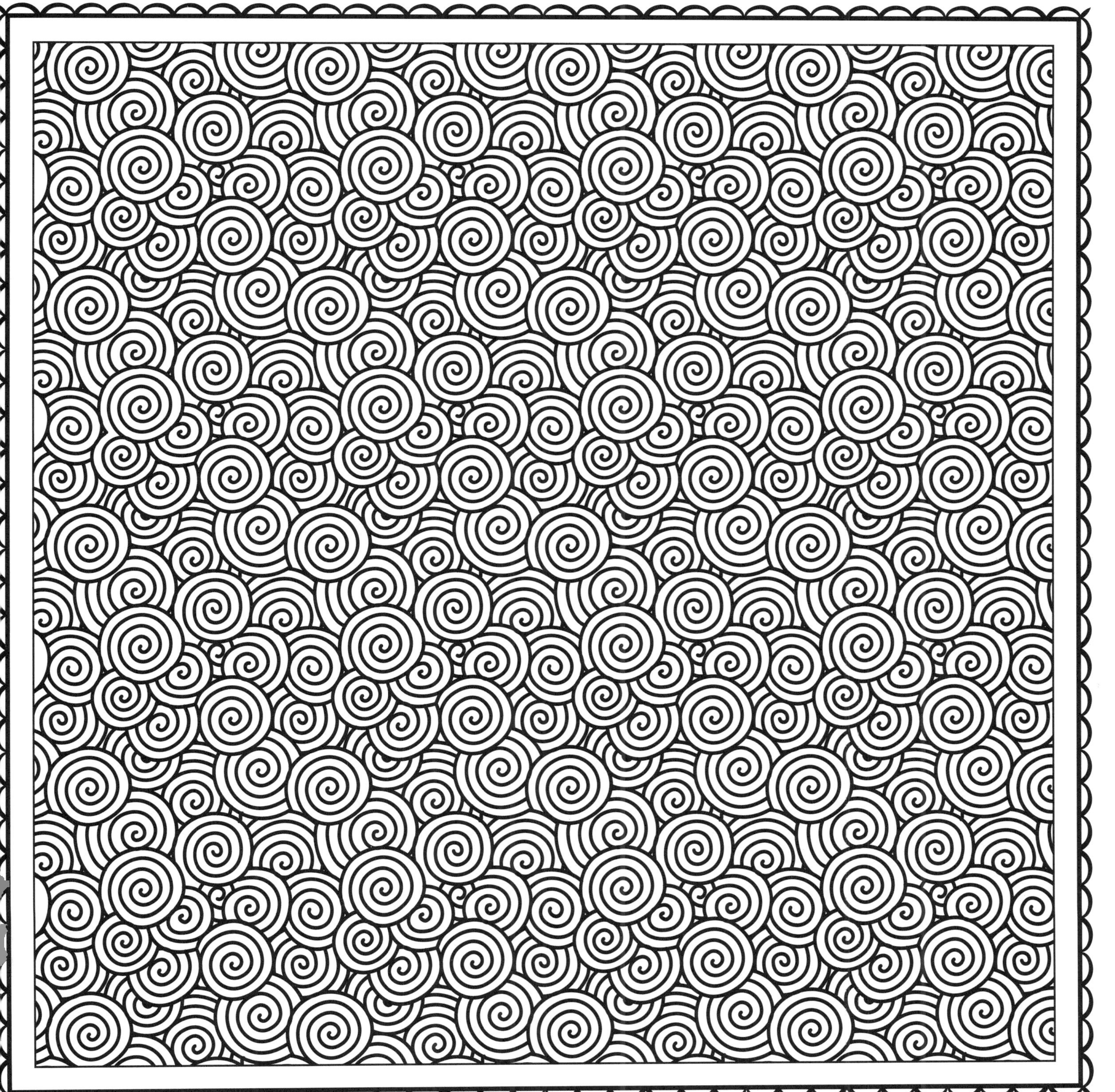

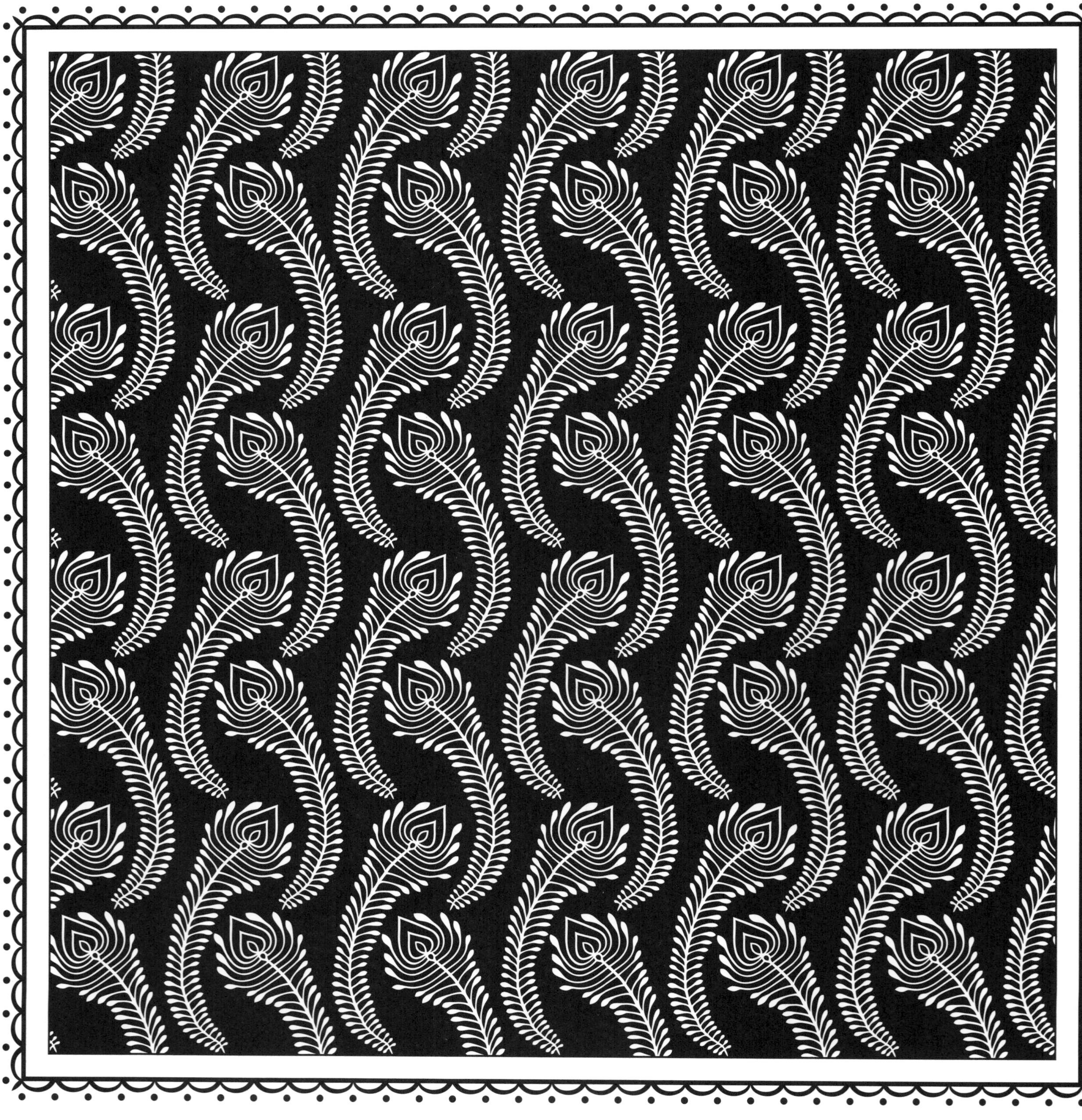

FSC
www.fsc.org
MIX
Papier aus verantwortungsvollen Quellen
FSC® C107574

Umschlaggestaltung: Grafisches Atelier, arsEdition
Innengestaltung: Eva Schindler, Atelier für grafische Gestaltung
Motive: Getty Images / Thinkstock
Kolorierung: Lea Schindler, Luisa Amann
ISBN 978-3-8458-0920-5
www. arsedition.de